Picture Dictionary

ENGLISH/ FRENCH

More than 350 Essential Words

Dylanna Press

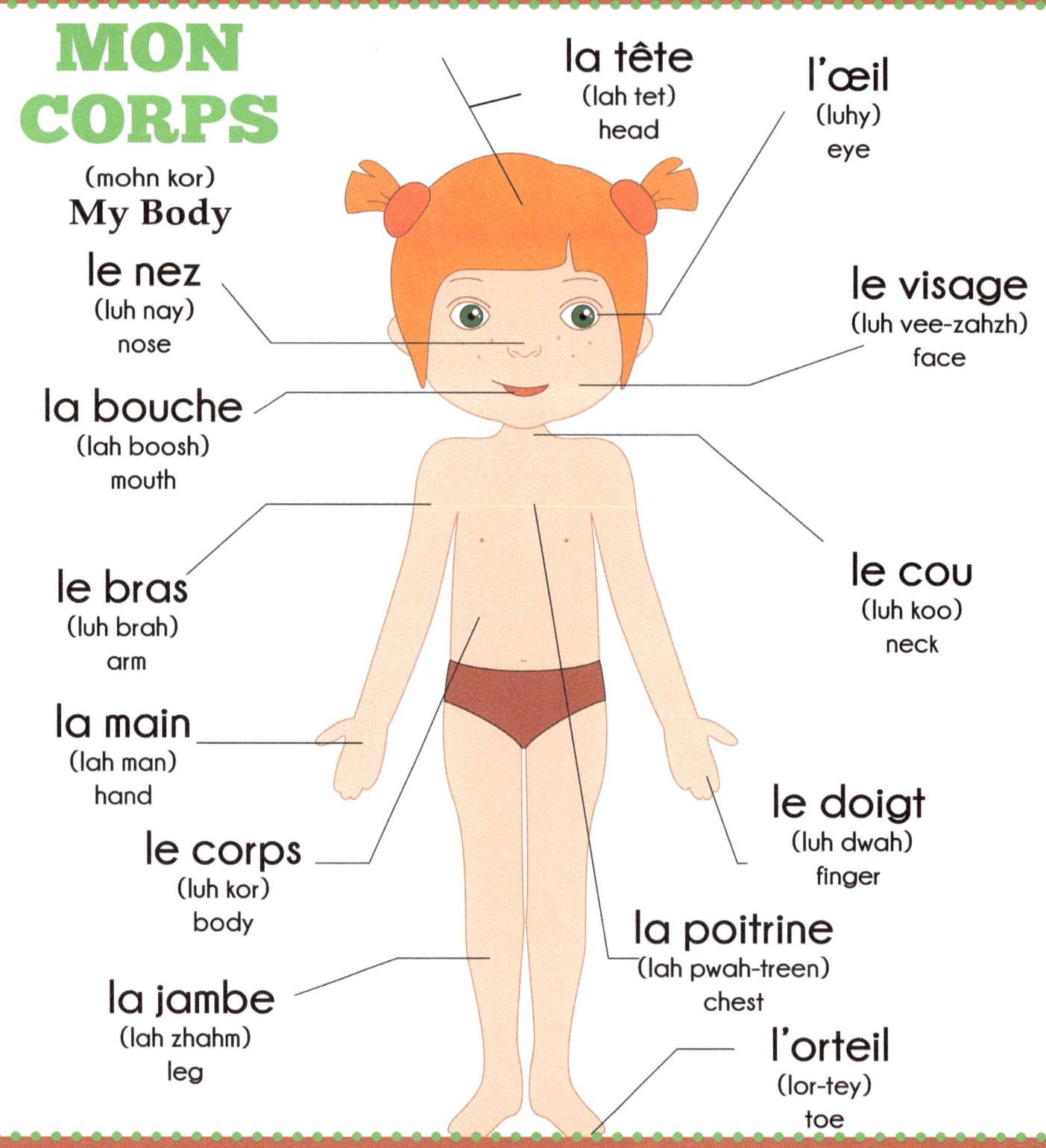

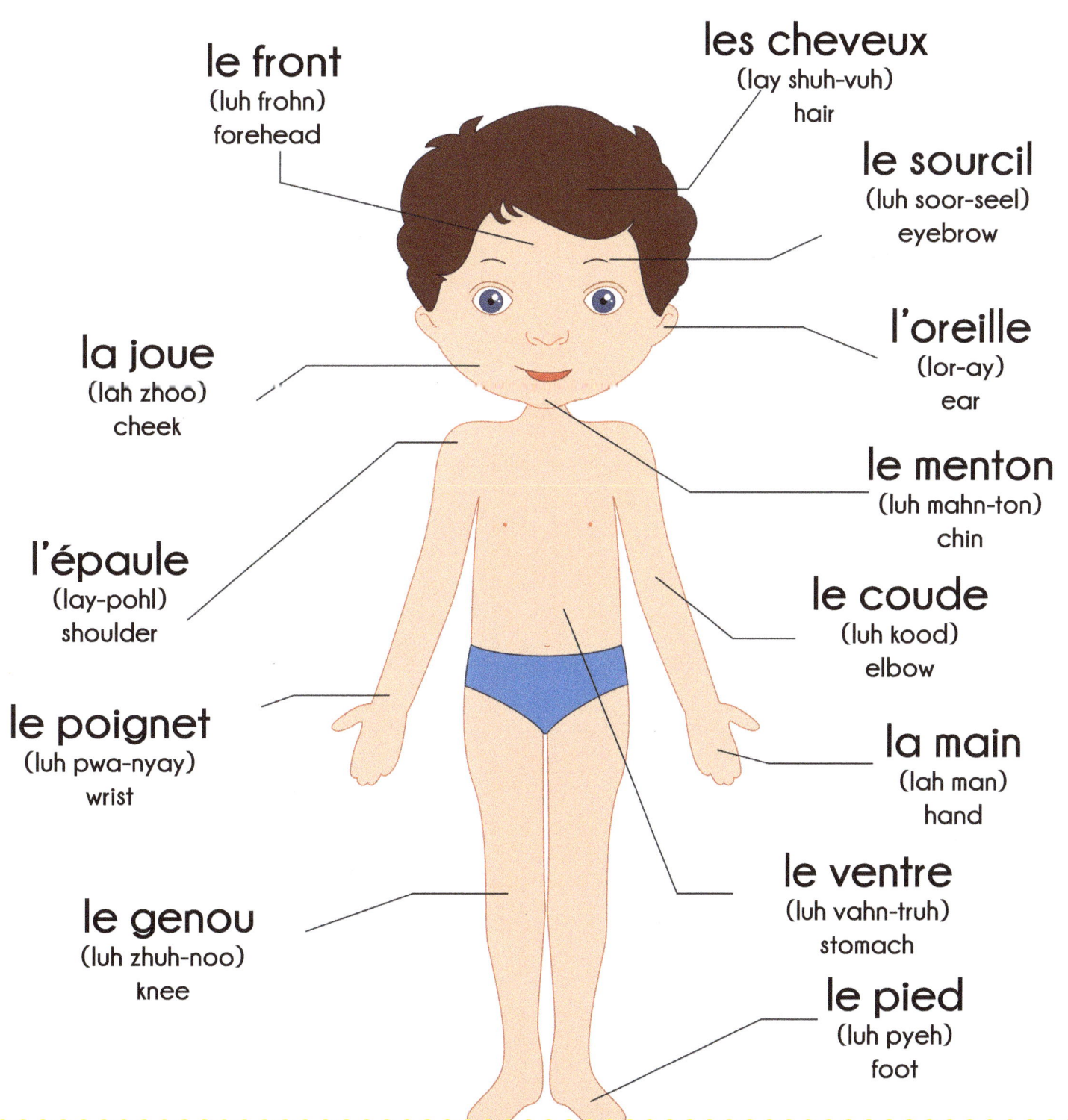

MA MAISON
(mah meh-zon)

my house

le salon
(luh sah-lohn)

living room

la cuisine
(lah kwee-zeen)

kitchen

la chambre
(lah shahm-bruh)

bedroom

la salle de bain
(lah sal duh ban)

bathroom

l'escaliers
(les-kal-yay)

stairs

la fenêtre
(lah fuh-netr)

window

la cheminée
(lah shuh-mee-nay)

fireplace

la porte
(lah port)

door

le canapé
(luh kah-nah-pay)

couch

la chaise
(lah shez)

chair

la table
(lah tah-bluh)

table

la lampe
(lah lahmp)

lamp

la télévision
(lah tay-lay-vee-zyon)

television

la commode
(lah koh-mod)

dresser

le bureau
(luh byoo-roh)

desk

la bibliothèque
(lah bee-blee-oh-tek)

bookcase

le tabouret
(luh tah-boo-ray)

stool

DANS LA CHAMBRE

(dahn lah shahm-bruh)

In the bedroom

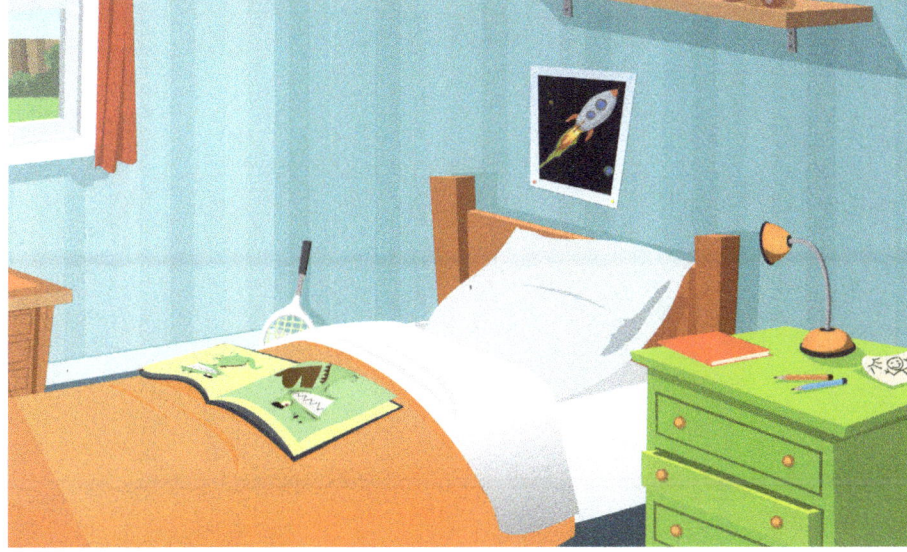

le lit
(luh lee)

bed

l'oreiller
(loh-ray-yay)

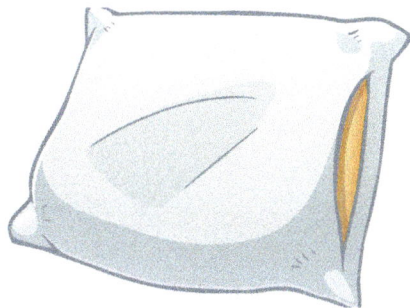

pillow

la couverture
(lah koo-ver-toor)

blanket

l'armoire
(lar-mwahr)

wardrobe

l'horloge
(lor-lozh)

clock

le miroir
(luh mee-rwahr)

mirror

LA CUISINE
(lah kwee-zeen)

kitchen

le réfrigérateur
(luh ray-free-jay-rah-tur)

refrigerator

la cuisinière
(lah kwee-zee-nyair)

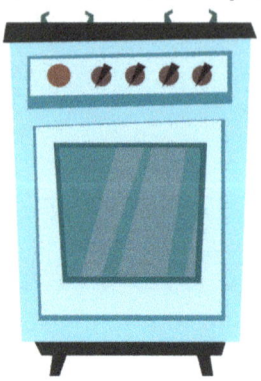
stove

le bol
(luh bohl)

bowl

la tasse
(lah tahs)

cup

le verre
(luh vehr)

glass

la planche à découper
(lah plawnsh ah day-koo-pay)

cutting board

le couteau
(luh koo-toh)

knife

la fourchette
(lah foor-shet)

fork

la bouilloire
(lah boo-ywahr)

kettle

la poêle
(lah pwahl)

pan

la casserole
(lah kahs-rohl)

pot

l'assiette
(lah-syet)

plate

la cuillère
(lah kwee-air)

spoon

la théière
(lah tay-yair)

teapot

le fouet
(luh fweh)

whisk

le lave-vaisselle
(luh lahv vay-sel)

dishwasher

le micro-ondes
(luh mee-kroh-ohnd)

microwave

LA SALLE DE BAIN
(lah sal duh ban)

bathroom

la baignoire
(lah ben-ywahr)

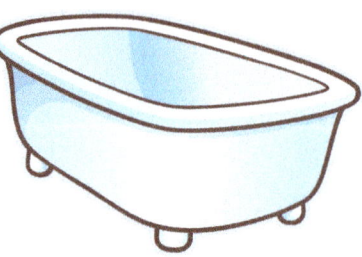

bathtub

le savon
(luh sah-vohn)

soap

la brosse
(lah brohs)

brush

les bulles
(lay byool)

bubbles

le peigne
(luh peh-nyuh)

comb

le robinet
(luh roh-bee-nay)

faucet

la balance
(lah bah-lahns)

scale

le shampoing
(luh shahm-pwahn)

shampoo

la douche
(lah doosh)

shower

le lavabo
(luh lah-vah-boh)

sink

l'éponge
(lay-pawnzh)

sponge

le mouchoir
(luh moo-shwahr)

tissue

le WC
(luh vay-say)

toilet

la brosse à dents
(lah brohs ah dawn)

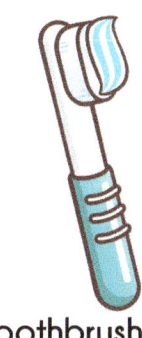

toothbrush

le dentifrice
(luh dawn-tee-frees)

toothpaste

la serviette
(lah ser-vyet)

towel

le papier toilette
(luh pah-pyay twa-let)

toilet paper

MES VÊTEMENTS
(may vet-mahn)
My Clothes

la ceinture
(lah sahn-tewr)

belt

le maillot de bain
(luh mah-yoh duh ban)

swimsuit

le chemisier
(luh shuh-mee-zyay)

blouse

les bottes
(lay boht)

boots

le manteau
(luh mahn-toh)

coat

la robe
(lah rob)

dress

les gants
(lay gahn)

gloves

la veste
(lah vest)

jacket

le chapeau
(luh sha-poh)

hat

le jean
(luh zhahn)

jeans

la cravate
(lah krah-vaht)

necktie

le pantalon
(luh pahn-tah-lohn)

pants

la salopette
(lah sah-loh-pet)

overalls

le sac à main
(luh sak ah man)

purse

le pyjama
(luh pee-zhah-mah)

pajamas

l'écharpe
(lay-sharp)

scarf

les sous-vêtements
(lay soo vet-mahn)

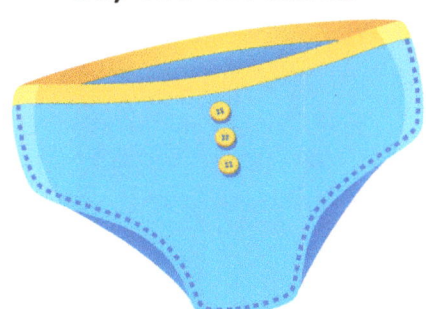

underwear

les chaussures
(lay shoh-soor)

shoes

la jupe
(lah zhup)

skirt

les baskets
(lay bas-ket)

sneakers

les chaussettes
(lay shoh-set)

socks

les lunettes de soleil
(lay loo-net duh soh-lay)

sunglasses

le pull
(luh pewl)

sweater

le t-shirt
(luh tee-shert)

T shirt

les collants
(lay koh-lahn)

tights

le caleçon de bain
(luh kah-leh-sohn duh ban)

swim trunks

le sweat
(luh swet)

sweatshirt

LA NOURRITURE
(lah noo-ree-toor)

la tomate
(lah toh-maht)

la pastèque
(lah pas-tehk)

Food

tomato

watermelon

la pomme
(lah pom)

l'orange
(loh-rahnzh)

les bananes
(lay bah-nahn)

apple

orange

bananas

les fraises
(lay frehz)

le citron
(luh see-trohn)

la poire
(lah pwahr)

strawberries

lemon

pear

la salade
(lah sah-lahd)

salad

le fromage
(luh froh-mahzh)

cheese

le poulet
(luh poo-lay)

chicken

les courses
(lay koors)

groceries

les crêpes
(lay krep)

pancakes

le sandwich
(luh sawn-dweech)

sandwich

les spaghettis
(lay spah-geh-tee)

spaghetti

le toast
(luh tohst)

toast

le maïs
(luh mah-ees)

corn

le beurre
(luh bur)

butter

le riz
(luh ree)

rice

le gâteau
(luh gah-toh)

cake

les noix
(lay nwah)

nuts

l'œuf
(luhf)

egg

les pommes de terre
(lay pom duh tehr)

potatoes

le pain
(luh panh)

bread

les chips
(lay sheeps)

chips

les biscuits
(lay bees-kwee)

cookies

le pop-corn
(luh pop-korn)

popcorn

les frites
(lay freet)

french fries

la glace
(lah glahs)

ice cream

la carotte
(lah kah-roht)

carrot

la pizza
(lah peet-zah)

pizza

le brocoli
(luh bro-koh-lee)

broccoli

le lait
(luh leh)

milk

l'oignon
(lohn-nyon)

onion

la dinde
(lah dahnd)

turkey

LES ANIMAUX
(lay zah-nee-moh)

Animals

l'oiseau
(lwah-zoh)

bird

le chat
(luh shah)

cat

le chien
(luh shyen)

dog

le canard
(luh kah-nar)

duck

l'éléphant
(lay-lay-fahn)

elephant

le renard
(luh ruh-nar)

fox

la dinde
(lah dahnd)

turkey

la baleine
(lah bah-len)

whale

le panda
(luh pahn-dah)

panda

le grenouille
(luh gruh-noo-yuh)

frog

le hibou
(luh ee-boo)

owl

le lapin
(luh lah-pahn)

rabbit

le coq
(luh kok)

rooster

le singe
(luh sanzh)

monkey

le lion
(luh lee-ohn)

lion

l'élan
(lay-lahn)

moose

l'écureuil
(lay-kur-oy)

squirrel

le serpent
(luh ser-pawn)

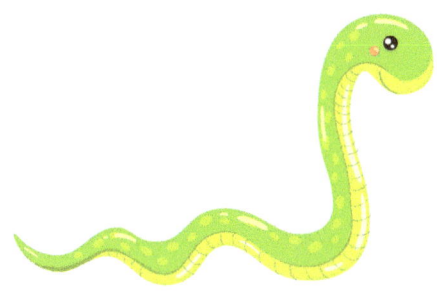

snake

la souris
(lah soo-ree)

mouse

le poulet
(luh poo-leh)

chicken

l'alligator
(lah-lee-gah-tor)

alligator

l'ours
(loors)

bear

le cochon
(luh kawn heow)

la tortue
(lah tor-tew)

pig

turtle

l'hippopotame
(lee-poh-poh-tahm)

la girafe
(lah zhee-rahf)

le chameau
(luh shah-moh)

hippopotamus

giraffe

camel

le loup
(luh loo)

le zèbre
(luh zeh-bruh)

le poisson
(luh pwah-sohn)

wolf

zebra

fish

la vache
(lah vash)

cow

le mouton
(luh moo-ton)

sheep

la chèvre
(lah shev-ruh)

goat

le cheval
(luh shuh-val)

horse

le tigre
(luh teeg-ruh)

tiger

l'escargot
(les-kar-go)

snail

le manchot
(luh mahn-shoh)

penguin

le gorille
(luh goh-ree-yuh)

gorilla

L'ÉCOLE
(lay-kohl)

school

le bus scolaire
(luh bews skoh-lair)

school bus

le professeur
(luh pro-feh-sur)

teacher

les crayons
(lay kray-ohn)

crayons

la colle
(lah kohl)

glue

les cahiers
(lay kah-yay)

notebooks

la peinture
(lah pahn-tewr)

paint

le crayon
(luh kray-ohn)

pencil

le globe
(luh glob)

globe

le sac à dos
(luh sak ah doh)

backpack

le stylo
(luh stee-loh)

pen

la règle
(lah reg-luh)

ruler

la calculatrice
(lah kal-kew-lah-trees)

calculator

les ciseaux
(lay see-zoh)

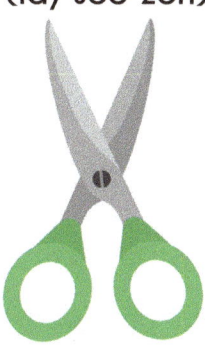

scissors

l'agrafeuse
(lah-grah-fuhz)

stapler

les livres
(lay leev-ruh)

books

le bureau
(luh byoo-roh)

desk

l'étudiant(e)
(lay-too-dyahn(t))

student

LE TEMPS
(luh tahn)

weather

le nuage (luh new-ahzh)  cloud		**l'éclair** (lay-klair)  lightning
la pluie (lah plwee)  rain	**la neige** (lah nehzh)  snow	**le soleil** (luh soh-lay)  sun
la tornade (lah tor-nahd)  tornado	**le vent** (luh vahn)  wind	**l'arc-en-ciel** (lahr-kahn-syel)  rainbow

LES SAISONS - THE SEASONS

l'hiver
(lee-vair)

winter

le printemps
(luh preh-tahn)

spring

l'été
(lay-tay)

summer

l'automne
(loh-ton)

autumn

LE TRANSPORT
(luh trawn-spor)
transportation

l'avion
(lah-vyon)

airplane

l'ambulance
(lahm-bew-lahnss)

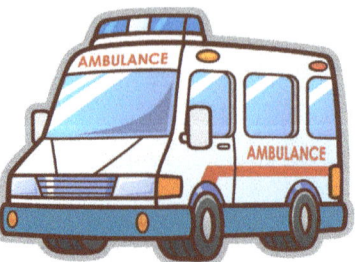

ambulance

le vélo
(luh vay-loh)

bicycle

le bateau
(luh bah-toh)

boat

le bus
(luh bews)

bus

la voiture
(lah vwah-tewr)

car

le camion de pompiers
(luh kah-myohn duh pom-pyay)

firetruck

l'hélicoptère
(lay-lee-kop-tair)

helicopter

la moto
(lah moh-toh)

motorcycle

la voiture de police
(lah vwah-tewr duh poh-lees)

police car

la fusée
(lah foo-zay)

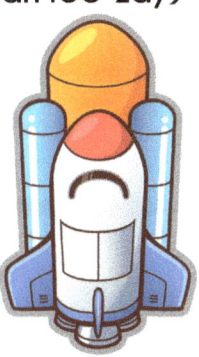

rocket

la trottinette
(lah troh-tee-net)

scooter

le navire
(luh nah-veer)

ship

le sous-marin
(luh soo-mah-ran)

submarine

le tracteur
(luh trak-tur)

tractor

le train
(luh tranh)

train

le camion
(luh kah-myohn)

truck

le chariot
(luh shah-ree-oh)

wagon

LES SPORTS – SPORTS
(lay spor)

le gant
(luh gahn)

glove

le baseball
(luh bez-ball)

baseball

le basketball
(luh bas-ket-ball)

basketball

la planche à roulettes
(lah plan-sh ah roo-let)

skateboard

la raquette de tennis
(lah rah-ket duh ten-nees)

tennis racket

le sifflet
(luh see-flay)

whistle

la boxe
(lah boks)

boxing

la pêche
(lah pesh)

fishing

le football américain
(luh foot-ball ah-may-ree-kan)

football

le golf
(luh golf)

golf

le patinage
(luh pah-tee-nazh)

skating

le karaté
(luh kah-rah-tay)

karate

le football
(luh foot-ball)

soccer

la voile
(lah vwahl)

sailing

le tennis
(luh ten-nees)

tennis

LES VERBES
(lay vairb)
Action Words

ramper
(rahm-pay)

crawl

grimper
(granh-pay)

climb

pleurer
(pluh-ray)

cry

boire
(bwar)

drink

manger
(mahn-zhay)

eat

sauter
(soh-tay)

jump

rire
(reer)

laugh

écouter
(ay-koo-tay)

listen

lire
(leer)

read

courir
(koo-reer)

run

s'asseoir
(sah-swahr)

sit

dormir
(dor-meer)

sleep

se lever
(suh luh-vay)

stand

parler
(par-lay)

talk

marcher
(mar-shay)

walk

chuchoter
(shoo-shoh-tay)

whisper

étreindre
(ay-trendr)

hug

rebondir
(ruh-bon-deer)

bounce

LES ÉMOTIONS – EMOTIONS
(lay zay-moh-syon)

effrayé(e)
(eh-fray-yay)

afraid

curieux/curieuse
(kyur-yuh / kyur-yuhz)

curious

triste
(treest)

sad

en colère
(ahn koh-lair)

angry

surpris/surprise
(sur-pree / sur-preez)

surprised

heureux/heureuse
(uh-ruh / uh-ruhz)

happy

LES CONTRAIRES – OPPOSITES
(lay kohn-trair)

sale (sahl)   **propre** (propr)   **fermé** (fair-may)   **ouvert** (oo-vair)

dirty   clean   closed   open

froid (frwah)   **chaud** (shoh)   **clair** (klair)   **sombre** (sohm-bruh)

cold   hot   light   dark

LES CONTRAIRES – OPPOSITES

vieux/vieille	jeune	lourd(e)	léger/ légère
(vyuh / vyay)	(zhuhn)	(loor/loord)	(lay-zhay/lay-zher)

old — young — heavy — light

bruyant(e)	silencieux/silencieuse	en bas	en haut
(brwee-yahn / brwee-yahnt)	(see-lawn-syuh / see-lawn-syuhz)	(ahn bah)	(ahn oh)

loud — quiet — down — up

LES CONTRAIRES – OPPOSITES

sec/sèche
(sek / sesh)

mouillé(e)
(moo-yay)

mou/molle
(moo/mohl)

dur/dure
(dur/dyur)

dry

wet

soft

hard

tirer
(tee-ray)

pousser
(poo-say)

au-dessus
(oh duh-syu)

en dessous
(ahn duh-soo)

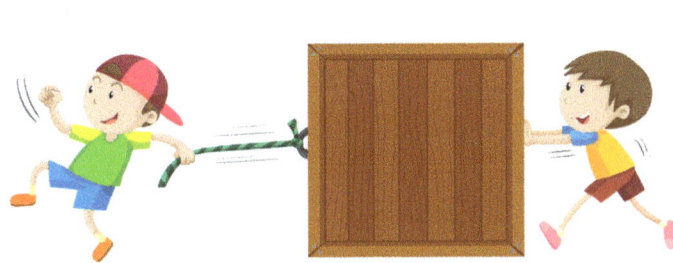

pull · push · above · below

LES SALUTATIONS – GREETINGS

bonjour
(bohn-zhoor)

au revoir
(oh ruh-vwahr)

bon matin
(bohn mah-tan)

bonne nuit
(buhn nwee)

hello · goodbye · good morning · good night

oui
(wee)

non
(noh)

s'il vous plaît
(seel voo pleh)

merci
(mehr-see)

yes · no · please · thank you

LES JOURS DE LA SEMAINE – DAYS OF THE WEEK

 lundi (lun-dee)

 mardi (mar-dee)

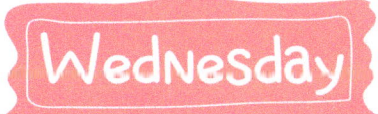 mercredi (mehr-kruh-dee)

 jeudi (zhuh-dee)

 vendredi (vawn-druh-dee)

 samedi (sahm-dee)

dimanche (dee-mahnsh)

LES MOIS – MONTHS

janvier
(zhahn-vyay)

février
(fay-vree-yay)

mars
(mars)

avril
(ah-vreel)

mai
(may)

juin
(zhwahn)

juillet
(zhwee-yay)

août
(oot)

septembre
(sep-tahm-bruh)

octobre
(ok-toh-bruh)

novembre
(noh-vahm-bruh)

décembre
(day-sahm-bruh)

LES FORMES – SHAPES
(lay form)

cercle
(ser-kluh)

circle

losange
(loh-zahnzh)

diamond

rectangle
(rek-tahn-gluh)

rectangle

carré
(kah-ray)

square

étoile
(ay-twahl)

star

triangle
(tree-awn-gluh)

triangle

LES NOMBRES – NUMBERS
(lay noh-mbruh)

un	deux	trois	quatre	cinq
(uhn)	(duh)	(trwah)	(kat-ruh)	(sank)

one — two — three — four — five

six	sept	huit	neuf	dix
(sees)	(set)	(weet)	(nuhf)	(dees)

six — seven — eight — nine — ten

L'ALPHABET - ALPHABET
(lal-fah-bay)

A a (ah)	B bé (bay)	C cé (say)	D dé (day)	E e (uh)	F effe (eff)	G gé (zhay)	H ache (ahsh)	I i (ee)
J ji (zhee)	K ka (kah)	L elle (ell)	M emme (emm)	N enne (enn)	O o (oh)	P pé (pay)	Q ku (koo)	R erre (air)
S esse (ess)	T té (tay)	U u (oo)	V vé (vay)	W double vé (doo-bluh-vay)	X ixe (eeks)	Y i grec (ee-grek)	Z zède (zed)	

French-English Word List

au-dessus	above	la bouilloire	kettle
l'agrafeuse	stapler	la boxe	boxing
l'alligator	alligator	le bras	arm
l'ambulance	ambulance	le brocoli	broccoli
les animaux	animals	la brosse	brush
août	August	la brosse à dents	toothbrush
l'arc-en-ciel	rainbow	bruyant/e	loud
l'armoire	wardrobe	le bureau	desk
l'assiette	plate	le bus	bus
au revoir	goodbye	le bus scolaire	school bus
l'automne	autumn	les cahiers	notebooks
l'avion	airplane	la calculatrice	calculator
avril	April	le camion	truck
la baignoire	bathtub	le camion de pompiers	fire truck
la balance	scale	le canapé	couch
la baleine	whale	le canard	duck
les bananes	bananas	la carotte	carrot
le baseball	baseball	carré	square
le basketball	basketball	la casserole	pot
les baskets	sneakers	la ceinture	belt
le bateau	boat	cercle	circle
le beurre	butter	la chaise	chair
la bibliothèque	bookcase	la chambre	bedroom
les biscuits	cookies	le chameau	camel
blanc/blanche	white	le chapeau	hat
bleu	blue	chariot	wagon
le bol	bowl	le chat	cat
bon matin	good morning	chaud/chaude	hot
bonjour	hello	les chaussettes	socks
bonne nuit	good night	les chaussures	shoes
les bottes	boots	cheminée	fireplace
la bouche	mouth	le chemisier	blouse

French-English Word List

les cheveux	hair	décembre	December
la chèvre	goat	le dentifrice	toothpaste
le chien	dog	deux	two
les chips	chips	diamant	diamond
chuchoter	whisper	dimanche	Sunday
cinq	five	la dinde	turkey
les ciseaux	scissors	dix	ten
le citron	lemon	le doigt	finger
clair	light (opposite of dark)	dormir	sleeping
les collants	tights	la douche	shower
la colle	glue	dur/dure	hard
la commode	dresser	l'écharpe	scarf
contraires	opposites	l'éclair	lightning
le coq	rooster	l'école	school
le corps	body	écouter	listening
le cou	neck	l'écureuil	squirrel
le coude	elbow	effrayé	afraid
les couleurs	colors	l'élan	moose
les courses	groceries	l'éléphant	elephant
le cousin	cousin (male)	les émotions	emotions
la cousine	cousin (female)	en bas	down
le couteau	knife	en colère	angry
couverture	blanket	en dessous	below
la cravate	necktie	en haut	up
le crayon	pencil	l'épaule	shoulder
les crayons	crayons	l'éponge	sponge
les crêpes	pancakes	l'escaliers	stairs
la cuillère	spoon	l'escargot	snail
la cuisine	kitchen	l'estomac	stomach
la cuisinière	stove	l'été	summer
curieux/curieuse	curious	étoile	star
		étreindre	hugging

French-English Word List

l'étudiant/étudiante	student	**heureux/heureuse**	happy
l'évier	sink	**le hibou**	owl
la famille	family	**l'hippopotame**	hippopotamus
la fenêtre	window	**l'hiver**	winter
fermé	closed	**l'horloge**	clock
février	February	**huit**	eight
le football	soccer	**la jambe**	leg
le football américain	football	**janvier**	January
les formes	shapes	**jaune**	yellow
fort/forte	strong	**le jean**	jeans
le fouet	whisk	**jeudi**	Thursday
la fourchette	fork	**jeune**	young
les fraises	strawberries	**la joue**	cheek
le frère	brother	**juillet**	July
les frites	french fries	**juin**	June
froid	cold	**la jupe**	skirt
le fromage	cheese	**le karaté**	karate
le front	forehead	**le lait**	milk
la fusée	rocket	**la lampe**	lamp
les gants	gloves	**le lapin**	rabbit
le gâteau	cake	**le lave-vaisselle**	dishwasher
le genou	knee	**le caleçon de bain**	swim trunks
la girafe	giraffe	**léger/légère**	light (opposite of heavy)
la glace	ice cream	**se lever**	standing
le globe	globe	**lire**	read
le golf	golf	**le lit**	bed
le gorille	gorilla	**le livre**	book
la grand-mère	grandmother	**le loup**	wolf
le grand-père	grandfather	**lourd/lourde**	heavy
le grenouille	frog	**lundi**	Monday
grimper	climbing	**les lunettes de soleil**	sunglasses

French-English Word List

mai	May
le maillot de bain	swimsuit
la main	hand
le maïs	corn
la maison	house
le manchot	penguin
le manteau	coat
mardi	Tuesday
mars	March
le menton	chin
merci	thank you
mercredi	Wednesday
la mère	mother
le micro-ondes	microwave
le miroir	mirror
la moto	motorcycle
mou/moulle	soft
mouillé/e	wet
le mouton	sheep
le navire	ship
neuf	nine
le nez	nose
noir	black
les noix	nuts
les nombres	numbers
non	no
la nourriture	food
novembre	November
le nuage	cloud
octobre	October
l'œil	eye
l'œuf	egg
l'oignon	onion
l'oiseau	bird
l'oncle	uncle
orange	orange (color)
l'orange	orange (fruit)
l'oreille	ear
l'oreiller	pillow
l'orteil	toe
oui	yes
l'ours	bear
ouvert	open
le pain	bread
le panda	panda
le pantalon	pants
le papier toilette	toilet paper
parler	talking
la pastèque	watermelon
le patinage	skating
la pêche	fishing
le peigne	comb
la peinture	paint
le père	father
le pied	foot
la pizza	pizza
la planche à découper	cutting board
la planche à roulettes	skateboard
pleurer	cry
pluie	rain
la poêle	pan
le poignet	wrist
la poire	pear

French-English Word List

le poisson	fish	sale	dirty
la poitrine	chest	la salle de bain	bathroom
la pomme	apple	le salon	living room
les pommes de terre	potatoes	la salopette	overalls
le pop-corn	popcorn	samedi	Saturday
la porte	door	le sandwich	sandwich
le poulet	chicken	s'asseoir	sit
pousser	push	sauter	jump
le printemps	spring	le savon	soap
le professeur	teacher	sec/seche	dry
propre	clean	sept	seven
le pull	sweater	septembre	September
le pyjama	pajamas	le serpent	snake
quatre	four	la serviette	towel
ramper	crawling	le shampoing	shampoo
la raquette de tennis	tennis racket	le sifflet	whistle
rebondir	bounce	s'il vous plaît	please
rectangle	rectangle	silencieux/silencieuse	quiet
le réfrigérateur	refrigerator	le singe	monkey
la règle	ruler	six	six
le renard	fox	la sœur	sister
rire	laugh	le soleil	sun
le riz	rice	sombre	dark
la robe	dress	le sourcil	eyebrow
le robinet	faucet	la souris	mouse
rose	pink	le sous-marin	submarine
rouge	red	les sous-vêtements	underwear
le sac à dos	backpack	les spaghettis	spaghetti
le sac à main	purse	les sports	sports
les saisons	seasons	le stylo	pen
la salade	salad	surpris/surprise	surprised

French to English Word List

le sweat	sweatshirt
la table	table
le tabouret	stool
la tante	aunt
la tasse	cup
la télévision	television
le temps	weather
la tête	head
la théière	teapot
le tigre	tiger
tirer	pull
le toast	toast
la tomate	tomato
la tornade	tornado
la tortue	turtle
le tracteur	tractor
le train	train
le transport	transportation
triangle	triangle
triste	sad
trois	three
la trottinette	scooter
le t-shirt	t-shirt
un/une	one
la vache	cow
le vélo	bicycle
le vent	wind
le verre	glass
vert	green
la veste	jacket
les vêtements	clothes
vieux/vieille	old
violet/violette	purple
le visage	face
la voile	sailing
la voiture	car
la voiture de police	police car
le WC	toilet
le zèbre	zebra

English-French Word List

above	au-dessus	**book**	le livre
afraid	effrayé	**bookcase**	la bibliothèque
airplane	l'avion	**boots**	les bottes
alligator	l'alligator	**bounce**	rebondir
ambulance	l'ambulance	**bowl**	le bol
angry	en colère	**boxing**	la boxe
animals	les animaux	**bread**	le pain
apple	la pomme	**broccoli**	le brocoli
April	avril	**brother**	le frère
arm	le bras	**brush**	la brosse
August	août	**bus**	le bus
aunt	la tante	**butter**	le beurre
autumn	l'automne	**cake**	le gâteau
backpack	le sac à dos	**calculator**	la calculatrice
bananas	les bananes	**camel**	le chameau
baseball	le baseball	**car**	la voiture
basketball	le basketball	**carrot**	la carotte
bathroom	la salle de bain	**cat**	le chat
bathtub	la baignoire	**chair**	la chaise
bear	l'ours	**cheek**	la joue
bed	le lit	**cheese**	le fromage
bedroom	la chambre	**chest**	la poitrine
below	en dessous	**chicken**	le poulet
belt	la ceinture	**chin**	le menton
bicycle	le vélo	**chips**	les chips
bird	l'oiseau	**circle**	cercle
black	noir	**clean**	propre
blanket	couverture	**climbing**	grimper
blouse	le chemisier	**clock**	l'horloge
blue	bleu	**closed**	fermé
boat	le bateau	**clothes**	les vêtements
body	le corps	**cloud**	le nuage

English-French Word List

coat	le manteau	**eight**	huit
cold	froid	**elbow**	le coude
colors	les couleurs	**elephant**	l'éléphant
comb	le peigne	**emotions**	les émotions
cookies	les biscuits	**eye**	l'œil
corn	le maïs	**eyebrow**	le sourcil
couch	le canapé	**face**	le visage
cousin (female)	la cousine	**family**	la famille
cousin (male)	le cousin	**father**	le père
cow	la vache	**faucet**	le robinet
crawling	ramper	**February**	février
crayons	les crayons	**finger**	le doigt
cry	pleurer	**fire truck**	le camion de pompiers
cup	la tasse	**fireplace**	cheminée
curious	curieux/curieuse	**fish**	le poisson
cutting board	la planche à découper	**fishing**	la pêche
dark	sombre	**five**	cinq
December	décembre	**food**	la nourriture
desk	le bureau	**foot**	le pied
diamond	diamant	**football**	le football américain
dirty	sale	**forehead**	le front
dishwasher	le lave-vaisselle	**fork**	la fourchette
dog	le chien	**four**	quatre
door	la porte	**fox**	le renard
down	en bas	**french fries**	les frites
dress	la robe	**frog**	le grenouille
dresser	la commode	**giraffe**	la girafe
dry	sec/seche	**glass**	le verre
duck	le canard	**globe**	le globe
ear	l'oreille	**gloves**	les gants
egg	l'œuf	**glue**	la colle

English-French Word List

goat	la chevre
golf	le golf
good morning	bon matin
good night	bonne nuit
goodbye	au revoir
gorilla	le gorille
grandfather	le grand-père
grandmother	la grand-mère
green	vert
groceries	les courses
hair	les cheveux
hand	la main
happy	heureux/heureuse
hard	dur/dure
hat	le chapeau
head	la tête
heavy	lourd/lourde
hello	bonjour
hippopotamus	l'hippopotame
hot	chaud/chaude
house	la maison
hugging	étreindre
ice cream	la glace
jacket	la veste
January	janvier
jeans	le jean
July	juillet
jump	sauter
June	juin
karate	le karaté
kettle	la bouilloire
kitchen	la cuisine
knee	le genou
knife	le couteau
lamp	la lampe
laugh	rire
leg	la jambe
lemon	le citron
light (opposite of dark)	clair
light (opposite of heavy)	léger/légère
lightning	l'éclair
listening	écouter
living room	le salon
loud	bruyant/e
March	mars
May	mai
microwave	le micro-ondes
milk	le lait
mirror	le miroir
Monday	lundi
monkey	le singe
moose	l'élan
mother	la mère
motorcycle	la moto
mouse	la souris
mouth	la bouche
neck	le cou
necktie	la cravate
nine	neuf
no	non
nose	le nez
notebooks	les cahiers

English-French Word List

November	novembre	potatoes	les pommes de terre
numbers	les nombres	pull	tirer
nuts	les noix	purple	violet/violette
October	octobre	purse	le sac à main
old	vieux/vieille	push	pousser
one	un/une	quiet	silencieux/silencieuse
onion	l'oignon	rabbit	le lapin
open	ouvert	rain	pluie
opposites	contraires	rainbow	l'arc-en-ciel
orange (color)	orange	read	lire
orange (fruit)	l'orange	rectangle	rectangle
overalls	la salopette	red	rouge
owl	le hibou	refrigerator	le réfrigérateur
paint	la peinture	rice	le riz
pajamas	le pyjama	rocket	la fusée
pan	la poêle	rooster	le coq
pancakes	les crêpes	ruler	la règle
panda	le panda	sad	triste
pants	le pantalon	sailing	la voile
pear	la poire	salad	la salade
pen	le stylo	sandwich	le sandwich
pencil	le crayon	Saturday	samedi
penguin	le manchot	scale	la balance
pillow	l'oreiller	scarf	l'écharpe
pink	rose	school	l'école
pizza	la pizza	schoolbus	le bus scolaire
plate	l'assiette	scissors	les ciseaux
please	s'il vous plaît	scooter	la trottinette
police car	la voiture de police	seasons	les saisons
popcorn	le pop-corn	September	septembre
pot	la casserole	seven	sept

English-French Word List

shampoo	le shampoing	**stapler**	l'agrafeuse
shapes	les formes	**star**	étoile
sheep	le mouton	**stomach**	l'estomac
ship	le navire	**stool**	le tabouret
shoes	les chaussures	**stove**	la cuisinière
shoulder	l'épaule	**strawberries**	les fraises
shower	la douche	**strong**	fort/forte
sink	l'évier	**student**	l'étudiant/étudiante
sister	la sœur	**submarine**	le sous-marin
sit	s'asseoir	**summer**	l'été
six	six	**sun**	le soleil
skateboard	la planche à roulettes	**Sunday**	dimanche
skating	le patinage	**sunglasses**	les lunettes de soleil
skirt	la jupe	**surprised**	surpris/surprise
sleeping	dormir	**sweater**	le pull
snail	l'escargot	**sweatshirt**	le sweat
snake	le serpent	**swim trunks**	le caleçon de bain
sneakers	les baskets	**swimsuit**	le maillot de bain
soap	le savon	**table**	la table
soccer	le football	**talking**	parler
socks	les chaussettes	**teacher**	le professeur
soft	mou/moulle	**teapot**	la théière
spaghetti	les spaghettis	**television**	la télévision
sponge	l'éponge	**ten**	dix
spoon	la cuillère	**tennis racket**	la raquette de tennis
sports	les sports	**thank you**	merci
spring	le printemps	**three**	trois
square	carré	**Thursday**	jeudi
squirrel	l'écureuil	**tiger**	le tigre
stairs	l'escaliers	**tights**	les collants
standing	se lever	**toast**	le toast

English-French Word List

toe	l'orteil
toilet	le WC
toilet paper	le papier toilette
tomato	la tomate
toothbrush	la brosse à dents
toothpaste	le dentifrice
tornado	la tornade
towel	la serviette
tractor	le tracteur
train	le train
transportation	le transport
triangle	triangle
truck	le camion
t-shirt	le t-shirt
Tuesday	mardi
turkey	la dinde
turtle	la tortue
two	deux
uncle	l'oncle
underwear	les sous-vêtements
up	en haut
wagon	chariot
wardrobe	l'armoire
watermelon	la pastèque
weather	le temps
Wednesday	mercredi
wet	mouillé/e
whale	la baleine
whisk	le fouet
whisper	chuchoter
whistle	le sifflet
white	blanc/blanche
wind	le vent
window	la fenêtre
winter	l'hiver
wolf	le loup
wrist	le poignet
yellow	jaune
yes	oui
young	jeune
zebra	le zèbre

Published by Dylanna Press an imprint of Dylanna Publishing, Inc.
Copyright © 2024 by Dylanna Press

Editor: Julie Grady

All rights reserved. No part of this publication may be reproduced, stored in a retrieval system, or transmitted by any means, including electronic, mechanical, photocopying, or otherwise, without prior written permission of the publisher.

Although the publisher has taken all reasonable care in the preparation of this book, we make no warranty about the accuracy or completeness of its content and, to the maximum extent permitted, disclaim all liability arising from its use.

www.dylannapublishing.com

www.ingramcontent.com/pod-product-compliance
Lightning Source LLC
Chambersburg PA
CBHW042354070526
44585CB00028B/2929